Biographies

Les braves de chez nous

Maxine Trottier

Illustrations de
Tony Meers

Texte français de
Martine Faubert

D1418106

Éditions
SCHOLASTIC

Aux cinq volontaires du Service des incendies de
Newman's Cove, Terre-Neuve. D'authentiques héros.

— M.T.

Crédits photographiques

Catalogage avant publication de Bibliothèque
et Archives Canada

Trottier, Maxine

Les braves de chez nous / Maxine Trottier;
illustrations de Tony Meers;
texte français de Martine Faubert.

(Biographies)
Traduction de : Canadian heroes.
Pour enfants de 6 à 9 ans.

ISBN 978-0-545-99593-1

1. Héros--Canada--Biographies--Ouvrages pour
la jeunesse. 2. Canada--Biographies--Ouvrages
pour la jeunesse. I. Meers, Tony II. Titre.
III. Collection : Biographies (Toronto, Ont.)

FC25.T76314 2008   j920.071
C2007-905303-3

Édition publiée par les Éditions Scholastic,
604, rue King Ouest, Toronto (Ontario) M5V 1E1.

5 4 3 2 1   Imprimé au Canada   08 09 10 11 12

Table des matières

Madeleine de Verchères

Celle qui a défendu les siens

Le 3 mars 1678 naissait en Nouvelle-France une petite fille prénommée Marie-Madeleine.

Les premières années de la colonie étaient difficiles. Les Iroquois attaquaient sans cesse les Français, qui s'étaient installés sur leur territoire sans leur permission. En 1665, la France a envoyé le régiment de Carignan-Salières pour défendre la colonie. Les Iroquois ayant été maîtrisés, certains soldats ont décidé de rester. L'un d'eux, François Jarret, alors âgé de 24 ans, a épousé Marie Perrot, âgée de 12 ans et demi. Le couple s'est fait octroyer une seigneurie, c'est-à-dire une bande de terre mesurant une lieue (3,3 km) de profondeur à partir du bord du fleuve Saint-Laurent, côté sud.

C'est là, à Verchères, à 40 km de Montréal, que François et Marie ont entrepris d'élever leur famille et de cultiver leurs terres. Rien ne laissait présager que leur quatrième enfant, Marie-Madeleine, se montrerait aussi courageuse et pleine de ressources.

Quand Madeleine a eu 14 ans, la seigneurie avait doublé en superficie et comprenait 11 familles d'habitants, avec 50 hectares de terres en culture. Le père de Madeleine, le seigneur, avait à lui seul 8 hectares de champs cultivés et un troupeau de 13 bêtes. Une palissade rectangulaire de plus de 4 mètres de hauteur entourait son manoir et d'autres bâtiments. Il y avait, entre autres, un corps de garde et une réserve d'armes et de munitions. Pourvue d'une seule ouverture donnant du côté du fleuve, la palissade faisait de l'endroit un fort sécuritaire.

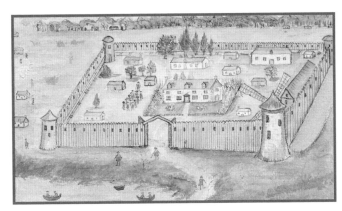

Représentation du fort de Verchères

Le 2 octobre 1692, les parents de Madeleine étaient absents, et la plupart des soldats qui défendaient l'établissement étaient partis chasser. À 8 h du matin, Madeleine se trouvait à l'extérieur de la palissade quand elle a entendu des coups de feu : des guerriers iroquois attaquaient des habitants, non loin de là. Madeleine est vite retournée vers le fort, sous les balles des Iroquois qui continuaient de tirer. D'autres habitants se sont enfuis vers Montréal. En arrivant à la porte,

Madeleine a crié : « Aux armes! Aux armes! », et elle a ordonné à Labonté et Galhet, les deux soldats qui étaient à l'intérieur, de prendre la défense du fort.

Elle a vite fait entrer deux femmes qui pleuraient leur mari et elle a fermé les portes. Elle devait agir vite afin de protéger les gens qui étaient dans le fort : un octogénaire, des femmes et des enfants dont ses frères, Pierre et Alexandre, plus jeunes qu'elle. Des pieux de la palissade étaient déjà tombés. Par la suite, elle écrira : « J'ai saisi un de ces gros pieux et j'ai ordonné à mes compagnons de m'aider à le redresser ».

Puis Madeleine s'est précipitée vers le corps de garde. Un des soldats était accroupi et l'autre tenait une torche allumée. Il voulait mettre le feu aux poudres et faire sauter le fort. Furieuse, Madeleine les a réprimandés. Elle a retiré son bonnet et s'est coiffée d'un chapeau de soldat. Elle a saisi un mousquet et a ordonné aux soldats et à ses frères de se battre. Ils ont pris leurs fusils, puis elle a ordonné qu'on tire un coup de canon afin d'effrayer les Iroquois et aussi d'alerter les forts du voisinage.

Pour ne pas laisser voir qu'ils étaient sans défense, Madeleine a fait taire les femmes qui pleuraient ceux qui s'étaient fait prendre à l'extérieur. Sur ces entrefaites, elle a aperçu un canot qui descendait le fleuve, avec à son bord des amis, Pierre Fontaine et sa famille, qui ne se doutaient de rien. Comme les deux soldats refusaient

d'aller les aider, Madeleine, armée de son mousquet, s'est rendue au bord de l'eau afin de les ramener en toute sécurité.

Ce soir-là, un vent glacial s'est mis à souffler du nord-est. Il grêlait et il neigeait. Craignant une autre attaque, Madeleine a dit à Fontaine et aux soldats d'emmener les femmes et les enfants dans le corps de garde, car c'était l'endroit le plus sûr. Puis elle-même, ses frères et le vieil homme se sont postés dans les bastions situés aux quatre coins de l'enceinte. À intervalles rapprochés, ils criaient dans la nuit : « Tout va bien! », dans l'espoir de faire croire aux Iroquois que le fort était plein de soldats.

Ce siège a-t-il vraiment duré huit jours, comme l'a écrit Madeleine de Verchères? Une chose est certaine : elle a pris le commandement de ses compagnons pour défendre le fort et elle est restée sans manger ni dormir pendant des heures.

Finalement, un détachement de 40 soldats est arrivé de Montréal. Les Iroquois, comprenant qu'il n'y avait pas moyen de s'emparer du fort, se sont sauvés avec 20 prisonniers qui, par la suite, ont été relâchés.

Quand le père de Madeleine de Verchères est mort en 1700, elle n'avait que 22 ans. En reconnaissance du courage qu'elle avait démontré huit ans auparavant, la pension militaire de son père lui a été transférée. En 1706, elle s'est mariée et elle est partie vivre à Sainte-Anne-de-la-Pérade, sur la rive nord du Saint-Laurent. C'est là qu'elle est morte, à l'âge de 69 ans. Elle a été enterrée le 8 août 1747.

Pendant les 200 ans qui ont suivi sa mort, son courage semble avoir été méconnu. Puis en 1911, le sculpteur canadien Louis-Philippe Hébert a reçu une commande du gouvernement canadien pour la création d'une statue à sa mémoire. Le 21 septembre 1913, la statue, plus grande que nature, a été officiellement inaugurée à Verchères, au Québec. On l'a surnommée « La statue de la Liberté du Canada ». Le premier long métrage canadien, intitulé *Madeleine de Verchères*, a été tourné en 1922, et son portrait a été utilisé sur une affiche de recrutement de l'armée canadienne durant la Deuxième Guerre mondiale. Jusqu'à maintenant, Madeleine de Verchères demeure un symbole de courage et, plus particulièrement, le symbole du courage du peuple de la Nouvelle-France.

Madeleine Jarret veille sur la ville de Verchères.

Madeleine monte la garde sur cette affiche de la Deuxième Guerre mondiale.

En haut : Photo de la famille Bethune, en 1893 ou 1894.
Norman est sur le cheval. Son petit frère Malcolm
et sa grande sœur Janet sont dans la voiture.

À gauche : Norman (au centre) avec trois autres membres
de l'équipe de soccer du Owen Sound Collegiate Institute,
vers 1905.

En bas : Norman Bethune (au centre) à la Victoria Harbour
Lumber Company, au nord de la baie Georgienne, en 1911.

Norman Bethune
Celui qui soignait sans compter

Henry Norman Bethune est né à Gravenhurst, en Ontario, le 3 mars 1890. Son père, Malcolm, était un pasteur presbytérien et, chaque fois qu'il était affecté à une nouvelle église, la famille devait déménager avec lui.

Quand Norman avait trois ans, ils se sont installés à Toronto. C'était un enfant à l'esprit curieux et indépendant. Un jour, à l'âge de six ans, il est parti explorer la ville tout seul. À dix ans, il a failli se noyer en tentant de traverser le port à la nage. Déterminé à y parvenir, il a recommencé l'année suivante et il a réussi. Son père s'inquiétait parfois des risques qu'il prenait, mais sa mère Elizabeth Ann a dit un jour : « Il doit apprendre à prendre des risques, alors laisse-le faire. »

Les Bethune ont ensuite déménagé à Owen Sound, où Norman a terminé ses études secondaires. En 1909, il est entré à l'Université de Toronto. Après deux ans, il a interrompu ses études en sciences et est allé travailler comme bûcheron et professeur dans un camp de bûcherons, au nord de l'Ontario. Il s'est inscrit à la Faculté de médecine de l'Université de Toronto en 1912, mais quand en 1914 le Canada est entré en guerre, il s'est aussitôt enrôlé comme brancardier.

Grièvement blessé par un éclat d'obus au cours de la deuxième bataille d'Ypres, en Belgique, Norman a passé six mois à l'hôpital, sans pouvoir rentrer au Canada. De retour à la Faculté de médecine, il a reçu son diplôme en décembre 1916. Puis il s'est de nouveau enrôlé et a servi comme chirurgien dans la Marine royale britannique et comme officier-médecin dans l'aviation canadienne en France.

Après la guerre, Norman Bethune a fait son internat dans des hôpitaux londoniens, en Angleterre. Il gagnait alors sa vie en faisant le négoce des œuvres d'art, entre autres choses. En 1923, il est devenu membre du Collège

Bethune (au fond, troisième à partir de la gauche) avec d'autres résidents de l'hôpital pour enfants malades de Great Ormond Street à Londres, en Angleterre, en 1919.

royal des médecins d'Édimbourg, en Écosse, et il a épousé Frances Campbell Penney. Ils ont alors voyagé dans l'ouest de l'Europe, où il a pu observer le travail de différents chirurgiens.

En 1924, les Bethune ont déménagé à Détroit, au Michigan, aux États-Unis, où le docteur a ouvert un cabinet privé. Les gens riches venaient se faire soigner, le payant souvent généreusement. Toutefois, Bethune était conscient de la pauvreté dans laquelle vivaient certains de ses patients et il se préoccupait de ceux qui n'avaient pas les moyens de se faire soigner. Il croyait en la justice pour tous. « La charité devrait être abolie et remplacée par la justice », a-t-il dit un jour.

Après seulement deux ans de pratique de la médecine, il s'est avéré que Bethune était atteint de tuberculose, une infection grave des poumons, et il a dû séjourner dans un sanatorium au lac Saranac, dans l'État de New York. Après neuf mois très difficiles, il a insisté pour qu'on effectue une opération chirurgicale dangereuse sur son poumon gauche. Deux mois plus tard, ayant recouvré la santé, il obtenait son congé. Fort de son expérience, Bethune est allé travailler dans un hôpital pour tuberculeux à Ray Brook, dans l'État de New York. Puis en 1929, il s'est spécialisé en chirurgie thoracique à l'hôpital Royal Victoria de Montréal, au Québec. Il a alors mis au point de nouvelles techniques et de nouveaux instruments chirurgicaux, et il a diffusé ses idées dans des revues scientifiques.

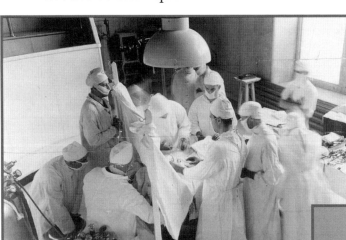

À gauche : Le docteur Norman Bethune (face à l'objectif) assiste un chirurgien à l'hôpital Royal Victoria de Montréal, en 1933.

En bas : Cisailles thoraciques, inventées par le docteur Bethune dans les années 1930.

Après un voyage en Union soviétique en 1935, le docteur Bethune est rentré au Canada avec la conviction qu'un système de soins de santé universel était nécessaire. Il s'est enrôlé dans le Parti communiste du Canada et il a fondé le Montreal Group for the Security of People's Health, un regroupement de médecins qui croyaient en ses idées. « Nous dispensons des soins médicaux à tous, jusqu'aux plus pauvres », disait le docteur Bethune.

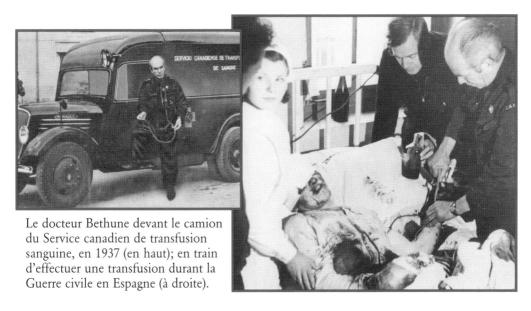

Le docteur Bethune devant le camion du Service canadien de transfusion sanguine, en 1937 (en haut); en train d'effectuer une transfusion durant la Guerre civile en Espagne (à droite).

Puis, le 17 juillet 1936, la Guerre civile a éclaté en Espagne. Bethune, qui tenait à aider les Espagnols à résister à la prise du pouvoir par les militaires, a remis sa démission à l'hôpital et s'est embarqué pour l'Espagne. Voyant les hôpitaux bondés de soldats mourants, il a conçu un plan d'intervention : il a acheté un véhicule et l'a rempli d'équipement médical afin d'en faire un service mobile de transfusion sanguine qui transporterait le sang jusqu'auprès des blessés. Même si, plus tard, il allait déclarer « L'Espagne est une cicatrice sur mon cœur », il a largement contribué à réduire le nombre de morts.

De retour au Canada, il a entrepris une tournée de conférences dans tout le pays afin de recueillir des fonds pour soutenir la cause des Espagnols. Il venait à peine de commencer quand le Japon a attaqué la Chine. Dans une lettre à Frances, Bethune a dit : « Je me rends en Chine parce que je crois que les besoins y sont les plus grands et que c'est là que je peux me rendre le plus utile ». Grâce à des dons, il est parti le 2 janvier 1938. Après un voyage difficile pour rejoindre la 8e armée de campagne afin d'y dispenser des soins médicaux, il a découvert qu'il n'y avait aucun service médical mobile. Il a donc entrepris d'en organiser un. Les besoins étaient immenses, il le voyait bien. Les blessés et les malades n'avaient souvent ni lits ni couvertures et à peine de quoi manger. « Le Canada se doit d'aider ces gens », écrivait-il aux siens.

Comme il y avait peu de médecins là-bas, Bethune a fondé plus de 20 hôpitaux d'enseignement et de traitement afin de former du personnel médical. Les unités médicales mobiles suivaient l'armée pour traiter les blessés, et Bethune effectuait des opérations chirurgicales. Une fois, il a opéré 115 personnes en 69 heures, sans s'arrêter. Il lui arrivait d'être malade, et la solitude lui pesait, n'ayant pour tout interlocuteur que son seul traducteur. Bethune était très frustré. Il n'y avait pas assez

Des étudiants apprennent en observant le docteur Bethune en train de s'occuper de soldats blessés en Chine.

de matériel et de médicaments, et souvent les médecins donnaient de leur propre sang aux patients. Bethune envoyait sans cesse des lettres à ses amis en Amérique du Nord pour réclamer leur soutien. Il était en train d'accomplir l'œuvre de sa vie. « Je suis fatigué, écrivait-il. Mais je suis immensément satisfait. »

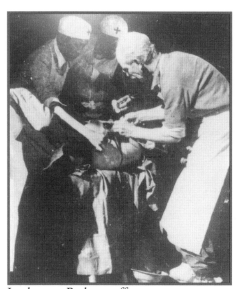

Le docteur Bethune effectue une opération chirurgicale dans un temple bouddhiste abandonné, en 1939.

Le général Mao Zedong, un haut gradé de l'armée chinoise, était impressionné par le dévouement sans limites de Bethune. Celui-ci, que les Chinois appelaient *Bai Qiu-en*, avait partagé sa nourriture, ses vêtements et même son sang, avec des civils et des militaires. En retour, le peuple chinois qu'il avait ainsi aidé lui offrait sa gratitude et son amitié. Un jour qu'il venait de sauver un petit garçon en l'opérant, le père de celui-ci s'est agenouillé par terre pour le remercier.

À la fin d'octobre 1939, Bethune s'est coupé au doigt tandis qu'il opérait à mains nues la jambe d'un soldat. Quelques jours plus tard, sa blessure s'est infectée au contact d'une blessure à la tête d'un autre soldat. L'infection s'est propagée dans tout son corps fatigué. Aucun médicament n'aurait pu le sauver, et il est mort d'une septicémie le 12 novembre 1939.

Mao Zedong, qui est devenu par la suite président de la République populaire de Chine, a écrit un texte intitulé « En mémoire de Norman Bethune », dans lequel il dit : « Nous devons prendre exemple sur lui, pour son don de soi et son dévouement. » Dans les années 1960, le texte de Mao est devenu une lecture obligatoire en Chine, le portrait de Bethune a été utilisé sur des affiches et des timbres, et des statues à son effigie ont été érigées un peu partout dans le pays.

Le Canada aussi a honoré la mémoire de cet homme dévoué. Le Dr. Norman Bethune Collegiate Institute de Scarborough, en Ontario, a été ainsi nommé en son honneur, de même que le Bethune College de l'Université d'York, à Toronto. Sa maison natale de Gravenhurst est aujourd'hui un lieu historique officiel. Enfin, deux films relatant sa vie ont été tournés.

Le docteur Bethune était un grand travailleur humanitaire qui s'est mis au service des gens et a apporté son aide là où elle était nécessaire. Il a changé pour toujours la pratique de la médecine de guerre et, parmi les héros canadiens, il est reconnu aujourd'hui comme un modèle de dévouement.

Une des nombreuses statues érigées en Chine en l'honneur du docteur Norman Bethune.

Tommy Prince
Celui qui n'avait peur de rien

Le 15 octobre 1915, dans une tente de toile à Petersfield au Manitoba, naissait un enfant ojibwa. Il était l'arrière-arrière-petit-fils de Peguis, le fameux chef des Saulteaux. Ses parents l'ont appelé Thomas George Prince.

Quand Tommy avait cinq ans, sa famille a déménagé dans la réserve Brokenhead, à Scanterbury au nord de Winnipeg. Cette année-là, Tommy est parti au pensionnat d'Elkhorn, à environ 300 km de la réserve.

Quand il revenait chez lui, il passait de longues heures à se promener dans la campagne. Grâce aux enseignements de son père, il est devenu un excellent chasseur, tant pour débusquer les animaux que pour les tirer au fusil. Puis il s'est enrôlé dans les cadets de l'armée.

Excellent tireur, il pouvait placer cinq balles dans une cible de la grosseur d'une carte à jouer située à une centaine de mètres. Tommy voulait étudier le droit, mais sa famille n'en avait pas les moyens. Alors, à l'âge de 16 ans, il est allé travailler comme bûcheron. Pour nourrir les siens, il chassait ou bien il travaillait dans des fermes.

En 1939, le Canada s'est engagé dans la Deuxième Guerre mondiale. Tommy Prince s'est enrôlé l'année suivante dans le Corps de génie royal canadien. Il a dit par la suite : « Dès l'instant où j'ai revêtu mon uniforme, j'ai senti que j'étais devenu un homme meilleur. » Après son entraînement, son unité s'est embarquée pour l'Angleterre. Prince a alors été promu caporal. Il ne manquait pas une occasion de rappeler aux hommes qu'il avait sous ses ordres qu'il était amérindien. S'il recevait une lettre de son père, il leur disait en riant : « J'ai reçu des signaux de fumée du grand chef ».

En 1942, Prince s'est porté volontaire pour un entraînement de parachutiste. Il a été promu au rang de sergent et, très vite, il a été intégré à la 1ʳᵉ Brigade de service spécial, une unité canado-américaine composée de 1 600 hommes parmi les plus solides qu'on pouvait trouver. On l'appelait la « Brigade du diable », et c'était un corps d'élite composé de soldats entraînés à faire face à tout ce qu'il est possible d'imaginer.

Avec eux, le sergent Prince a vu son courage mis à l'épreuve lors de la campagne d'Italie. En février 1944, il s'est porté volontaire pour une dangereuse mission. La nuit, agissant seul, il a déroulé un fil téléphonique jusqu'à une ferme abandonnée, en pénétrant à 1,5 km à l'intérieur du territoire occupé par les Allemands. De là, il

a pu observer l'ennemi et transmettre par téléphone leurs positions exactes. Toutefois, durant les jours de bataille qui ont suivi, cette ligne téléphonique a été rompue. Prince a alors retiré son uniforme. Il a enfilé des vêtements de fermier trouvés dans la maison. Puis il est sorti et s'est mis à sarcler le champ jusqu'à ce qu'il trouve l'endroit du bris. Faisant semblant de relacer ses chaussures, il a rebranché les fils. Afin de ne pas éveiller les soupçons, il a encore sarclé avant de retourner dans la maison, puis de continuer à envoyer ses rapports.

Cet été-là, la Brigade du diable est entrée en France. En septembre, le sergent Prince a identifié les positions allemandes et a effectué une pénible marche de 70 km à travers les montagnes afin d'en faire rapport. À la suite de cet exploit, il a été appelé au Palais de Buckingham, à Londres, en Angleterre. Le roi George VI l'a alors décoré de la Médaille militaire et, au nom du président Roosevelt des États-Unis, il lui a remis l'Étoile d'argent.

Quand la guerre s'est terminée en Europe, Tommy Prince a été rapatrié au Canada et, le 15 juin 1945, il a été démobilisé avec états de service honorables. Il est alors retourné dans la réserve Brokenhead et s'est remis à travailler comme bûcheron. Insatisfait de ce genre de vie, il a déménagé à Winnipeg où il s'est trouvé une place de concierge. Grâce à l'argent qu'il recevait du ministère des Anciens Combattants, il s'est acheté une camionnette et un équipement de nettoyage. L'année suivante, les gens des Premières nations du Manitoba lui ont demandé de les représenter auprès du gouvernement. Ils voulaient des changements à « l'Acte des Sauvages », afin d'obtenir des maisons et des écoles de meilleure qualité. La tâche s'est avérée décevante, malgré tous les efforts de Prince. De retour à Winnipeg, il a appris qu'un ami avait eu un grave accident avec sa camionnette et qu'il l'avait vendue. Tout son équipement avait été vendu aussi. Il est donc retourné travailler comme bûcheron.

Quand, en 1950, la Corée-du-Nord a envahi la

Corée-du-Sud, Prince s'est enrôlé et s'est joint au 2ᵉ Bataillon de l'infanterie légère canadienne Princess Patricia. Il a encore accompli de nombreux actes de bravoure même si, à cette époque, il souffrait de douleurs arthritiques dans les genoux. Puis il

Le sergent Tommy Prince montre sa Médaille militaire à un camarade officier après la cérémonie tenue à Londres, en Angleterre.

est rentré au Canada et est resté en service au camp de Borden, en Ontario. Quand l'état de ses jambes s'est amélioré, il s'est porté volontaire pour retourner en mission en Corée et a été blessé au genou droit. De retour au Canada, il a été pour la seconde fois démobilisé avec états de service honorables, le 28 octobre 1953. Il était reconnaissant envers ses camarades soldats et disait d'eux : « Ce sont de très bons gars! Si je suis ici sain et sauf aujourd'hui, c'est bien grâce à eux. »

La vie privée de Prince était souvent difficile. Il était

En haut : Les médailles militaires du sergent Tommy Prince.

En bas : Le sergent Prince (deuxième à partir de la gauche) recevant ses instructions avec d'autres officiers avant de partir en mission de reconnaissance, en Corée, en 1951.

ardu pour un membre des Premières nations, même couvert de médailles comme lui, d'obtenir un bon travail. En juin 1955, son héroïsme s'est encore manifesté quand il a rescapé un homme en train de se noyer dans la rivière Rouge.

Tommy Prince a passé le reste de ses jours à vivre discrètement à Winnipeg. Il y est mort, à l'hôpital Deer Lodge, le 25 novembre 1977. Accompagné de ses filles Beryl et Beverly qui pleuraient sa perte, il a eu droit à des funérailles militaires au cimetière Brookside. Plus de 500 personnes, tant civiles que militaires, étaient présentes, dont le lieutenant-gouverneur du Manitoba, l'Honorable Francis Jobin, et des représentants des gouvernements de la France, des États-Unis et de l'Italie. Son cercueil était porté par six soldats de l'infanterie légère Princess Patricia. À la fin de la cérémonie, cinq hommes de la réserve d'où il venait ont chanté *Death of a Warrior* (La mort d'un guerrier).

La bravoure de Tommy Prince a été reconnue de plusieurs façons. Le musée militaire de l'île de Vancouver, à Nanaimo, en Colombie-Britannique, présente une murale où est honorée sa mémoire. Une rue à Winnipeg porte son nom (sergent Tommy Prince) ainsi qu'une école dans la réserve de Brokenhead. Le gouvernement du Canada a créé le Programme d'entraînement militaire Tommy Prince, destiné aux recrues d'origine amérindienne, et l'Assemblée des Premières nations a créé la bourse d'études Tommy Prince.

Pendant des années, on ignorait ce qu'étaient devenues les médailles militaires du sergent Prince. Elles ont finalement été retrouvées lors d'une vente aux enchères à London, en Ontario, et la famille Prince les a maintenant confiées au musée du Manitoba, à Winnipeg. Jusqu'à aujourd'hui, parmi les héros militaires, le sergent Thomas George Prince demeure le plus important détenteur de médailles d'origine amérindienne, et il fait ainsi honneur aux chefs qu'étaient ses ancêtres.

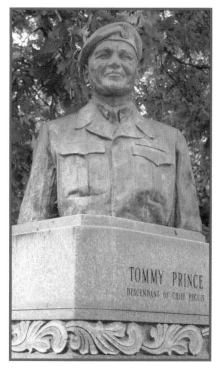

En 1994, en hommage au courage de Tommy Prince, ce monument a été érigé dans la réserve Brokenhead de la nation ojibwa.

Roberta Bondar
Celle qui a volé dans l'espace

Quand Roberta Lynn Bondar est née, le 4 décembre 1945, elle arrivait dans un monde où personne encore n'avait voyagé dans l'espace. Elle a grandi à Sault-Sainte-Marie, en Ontario, et elle était fascinée par les sciences. Recevoir en cadeau un jeu de chimie lui faisait énormément plaisir et, à l'âge de sept ans, elle faisait des expériences dans un laboratoire que son père lui avait construit dans leur sous-sol.

Roberta fabriquait des modèles réduits de fusées en plastique. Elle aimait aussi beaucoup la science-fiction. Elle jouait souvent à faire semblant d'être un membre de l'équipage de l'émission radiophonique *Flash Gordon*, qui se rendait sur Mars à bord d'une fusée. « Quand

j'avais huit ans, se rappelle-t-elle, rien ne me paraissait plus excitant que de devenir astronaute. » Avec sa grande sœur Barbara, elle partait explorer leur voisinage en faisant semblant d'être une astronaute. Le soir, dans le chalet familial du lac Supérieur, elle regardait passer le satellite de télécommunication *Echo 1*, qui tournait en orbite autour de la Terre, et elle rêvait d'être là-haut à son bord.

« J'ai toujours pensé que les oiseaux ont plus de chance que moi, avoue-t-elle. Ils peuvent voler et voir la Terre de haut, et je les trouve très beaux. Alors, naturellement, je voulais voler moi aussi. »

Barbara et Roberta en uniforme de guide.

Pour la jeune Roberta, les sports et les Guides étaient aussi importants que les maths et les sciences. Au secondaire, elle allait à la Sir James Dunn Collegiate and Vocational School de Sault-Sainte-Marie. Elle a poursuivi ses études à l'Université de Guelph, puis à l'Université de Western Ontario, à London, et finalement, à l'Université de Toronto où elle a obtenu un doctorat. Ayant toujours soif d'apprendre, elle a fait des études de médecine, au Canada et aux États-Unis. Elle est devenue médecin neuro-ophtalmologiste, c'est-à-dire une spécialiste du fonctionnement de l'œil.

Roberta Bondar en train de s'entraîner, suspendue par le harnais d'un parachute.

En 1983, la docteure Bondar a soumis sa candidature au Programme spatial canadien, récemment créé. En décembre de cette année-là, elle faisait partie des six astronautes canadiens retenus pour aller s'entraîner à la NASA. Cet entraînement était très dur. Comme tous les autres, elle devait monter dans la *Vomit Comet* afin d'apprendre à surmonter le mal des transports.

En travaillant sous l'eau en combinaison spatiale, elle apprenait à vivre en apesanteur. Le 22 janvier 1992, à 9 h 52 min 33 s, heure normale de l'Est, son rêve s'est enfin réalisé : avec les six autres membres de l'équipage, elle a quitté la surface de la Terre à bord de la navette spatiale *Discovery*. La docteure Bondar se rappelle que, au moment du décollage, elle s'était sentie comme si on l'avait secouée par les épaules, mais qu'elle n'avait pas eu peur. Elle était beaucoup trop occupée à effectuer ce pour quoi elle avait été entraînée.

Durant les huit jours suivants, alors que la navette faisait 192 fois le tour de la Terre, Roberta Bondar a pris des photos de notre planète. À titre de spécialiste de

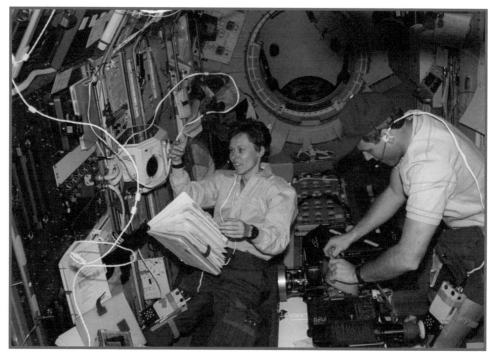

Roberta Bondar vérifie une liste de contrôle dans le laboratoire de charge utile, à bord de la navette *Discovery*.

Vue de la baie James, depuis la navette spatiale.

charge utile, elle a fait des expériences sur les effets de l'apesanteur sur le corps humain. Les membres de l'équipage mangeaient des tortillas au lieu du pain, afin de réduire la quantité de miettes restant en suspension dans l'air de l'habitacle, et ils dormaient dans des sacs de couchage, à l'intérieur d'armoires en métal.

Comme toutes les missions à bord d'une navette spatiale, c'était dangereux, mais très excitant. En contemplant les profondeurs de l'espace intersidéral, Roberta Bondar est devenue plus consciente de l'importance de la Terre. « Je me suis rendu compte que la Terre est la seule planète favorable à la vie humaine. » Plus tard, elle a écrit : « Cette expérience a changé le cours de mon existence et mon attitude face à la vie. Je fais partie de ceux qui ont eu de la chance. »

La navette spatiale est revenue sur Terre le 30 janvier. Roberta Bondar, première femme astronaute canadienne, avait passé 8 jours, 1 heure, 14 minutes et 44 secondes dans l'espace. Pendant ce temps, l'apesanteur l'a fait grandir de 5 centimètres, mais elle a repris sa taille normale une fois revenue sur Terre. « La partie la plus surprenante du vol est certainement l'atterrissage, dit-elle. N'ayant pas senti le poids de notre corps pendant plus d'une semaine, nous sommes tous tombés par terre lorsque nous avons essayé de nous mettre debout. »

La docteure Bondar a travaillé plus de dix ans à la NASA, puis elle s'est lancée dans de nouvelles aventures. Elle a écrit plusieurs livres et a reçu plus de 20 diplômes honorifiques de la part d'universités canadiennes. Plusieurs écoles ont été nommées en son honneur. Elle est officière de l'Ordre du Canada et membre du temple de la renommée médicale du Canada. En 2005, elle est devenue présidente de l'Université Trent, à Peterborough en Ontario. Elle continue de s'intéresser à la photographie. « Je ne me sens pas bien si je ne suis pas en train d'apprendre », dit cette femme qui se passionne encore pour tout ce qu'elle fait, exactement comme lorsqu'elle voyageait avec hardiesse dans l'espace.

Portrait officiel du courageux équipage de *Discovery*, à Cap Canaveral, en Floride, en 1992.

La famille Fox : maman, papa, Terry à 10 ans, à gauche, Fred (11 ans et demi),
à droite, Judith (3 ans) et Darrell (6 ans), devant.

Terry Fox
Celui qui a combattu le cancer

Terrance Stanley Fox : c'est ainsi que Betty et Rolly ont nommé leur fils né le 28 juillet 1958, à Winnipeg au Manitoba. Terry y a grandi jusqu'à l'âge de huit ans, avec son grand frère Fred, son petit frère Darrell et la petite dernière, Judith. Leur maison était pleine de vie. Rolly était aiguilleur de chemins de fer au Canadien national et Betty était femme au foyer. Chez eux, les enfants passaient avant tout.

Terry, tout comme Fred, allait à l'école primaire Wayoata. Les études étaient importantes, mais les jeux à l'extérieur également, dans le grand champ qui s'étendait derrière chez eux. Les hivers étaient agréables aussi. Un jour, la neige s'est accumulée si haut contre leur maison que les garçons pouvaient monter leur traîneau sur le toit

Terry à 9 ans, tenant un trophée de baseball, et en 1971, troisième à partir de la droite, avec son équipe de soccer peewee.

et glisser jusqu'en bas.

Le caractère déterminé et compétitif de Terry s'est manifesté très tôt. Alors qu'il jouait au baseball durant un pique-nique familial, il s'est soudain mis à saigner du nez, tellement qu'il a fallu l'emmener à l'hôpital. De retour au pique-nique, il s'est aussitôt remis au jeu. Il n'allait quand même pas s'arrêter pour un simple saignement de nez!

Les Fox ont déménagé à Port Coquitlam, en Colombie-Britannique, en 1966. Terry est alors allé à l'école primaire Glen, puis à l'école secondaire Mary Hill. Les études étaient difficiles pour lui, mais il travaillait fort et réussissait assez bien. Terry s'est fait là-bas un nouvel ami, Doug Alward, durant le cours d'éducation physique de la première année du secondaire. Avec les autres, ils jouaient au football, au baseball et au soccer. Ensemble, ils se mesuraient à la course de fond.

Mais ce que Terry voulait vraiment, c'était jouer au basket-ball. Toutefois, il devait faire des progrès. Il s'entraînait donc avant d'aller à l'école et aussi après. Terry et Doug jouaient des matchs un contre un ou en 21. En secondaire trois, ils faisaient partie des Ravens, l'équipe de basket-ball des grands de l'école secondaire de Port Coquitlam. « Son coup préféré pour se débarrasser d'un adversaire était le demi-tour sur lui-même, se rappelle Doug. C'était un spécialiste de la défensive. » À la fin de leurs études, ils ont partagé le prix de l'athlète de l'année.

Terry Fox s'est inscrit à l'Université Simon Fraser en 1976, en kinésiologie, la science du corps en mouvement. En novembre de cette année-là, il s'est blessé au genou dans un accident de voiture. La douleur n'a pas cessé d'augmenter jusqu'au printemps suivant, où elle est devenue insupportable. Rolly Fox a alors emmené Terry au Royal Columbian Hospital, à New Westminster. On lui a fait des radiographies, ainsi que des analyses sanguines et des examens des os par résonance magnétique. Au moment où le médecin lui communiquait les résultats, Terry était accompagné des siens : il souffrait d'un sarcome ostéogénique, une sorte de cancer des os. Il fallait lui amputer la jambe le plus vite possible.

Terry a d'abord été abattu par la mauvaise nouvelle, mais il a vite repris courage afin de faire face à ce qui l'attendait. Il allait perdre une jambe, mais il n'allait pas perdre pour autant sa détermination. Six jours plus tard, il se faisait amputer.

La nuit avant l'opération, il a lu un article sur Dick Traum, un coureur unijambiste qui avait fait le marathon de la ville de New York. Une idée a alors germé dans son esprit : lui aussi allait courir un jour et, quand il le ferait, ce serait pour traverser le Canada afin de recueillir des fonds pour la recherche sur le cancer.

Moins d'un mois plus tard, il était rentré chez lui et marchait avec des béquilles et une prothèse temporaire. L'hôpital était chose du passé, mais pas le souvenir de la souffrance qu'il avait pu y voir. Plus déterminé que jamais, il s'est mis à s'entraîner pour le plus grand défi de sa vie : « Personne ne pourra jamais me traiter de lâcheur », disait-il.

Cet été-là, à l'invitation de Rick Hansen, un athlète

en chaise roulante, Terry a commencé à jouer au basket-ball en chaise roulante. « Durant tout le temps qu'il a été sur le terrain, il a donné tout ce qu'il pouvait », se rappelle Hansen. L'année suivante, Terry et son équipe, les Vancouver Cablecars, ont gagné le championnat canadien. Puis il s'est mis à courir et a demandé son avis à Doug. « Commence par un tour de piste », lui a répondu Doug. Et ce tour de piste s'est allongé progressivement. En 1979, pendant la fin de semaine de la fête du Travail, il prenait le départ au marathon de Prince George à Boston, un parcours de 27,5 km. Trois heures et neuf minutes plus tard, il terminait en dernière place. C'était pourtant sa plus grande victoire personnelle.

Terry était prêt. Au

En s'entraînant quotidiennement, Terry a développé sa force et son endurance.

cours de ses périodes d'entraînement quotidiennes, il avait déjà parcouru plus de 5 000 km. Les lettres qu'il avait écrites afin d'obtenir du soutien avaient été bien reçues : Adidas lui fournissait les chaussures de course, et la compagnie Ford, la camionnette que Doug allait conduire. D'autres organismes, privés et publics, fournissaient des fonds, du matériel ou d'autres formes de soutien. L'heure de traverser le Canada était venue.

Terry Fox salue la foule alors qu'il traverse Toronto, durant son Marathon de l'espoir.

Le Marathon de l'espoir de Terry Fox a commencé à St. John's, à Terre-Neuve, le 12 avril 1980. Sous l'œil de la caméra de CBC, il a trempé sa jambe artificielle dans l'océan Atlantique, puis il s'est mis à courir.

Les Canadiens l'ont regardé avancer clopin-clopant, de sa foulée devenue familière, tandis qu'il traversait la Nouvelle-Écosse, l'Île-du-Prince-Édouard, puis le Nouveau-Brunswick, où son frère Darrell l'a rejoint. « Je n'oublierai jamais le sourire qu'il avait ce jour-là », se rappelle Darrell.

Le pays tout entier a répondu à son appel. À Montréal, au Québec, l'homme d'affaires Isadore Sharp a organisé une collecte de fonds. Les enfants donnaient quelques sous, les gens applaudissaient, et le Canada tout entier accompagnait Terry tandis qu'il traversait Toronto, en Ontario. Puis Terry a commencé à voir les choses en grand : un dollar de la part de chaque Canadien, pour

Une chaussure portée par Terry Fox durant sa traversée du Canada.

soutenir la recherche sur le cancer. « Si vous avez donné un dollar, vous faites partie du Marathon de l'espoir », a-t-il dit lors d'un de ses nombreux discours au public.

Terry a eu une influence sur la vie de nombreux jeunes. Par exemple, dans le nord de l'Ontario, il a passé quelque temps auprès de Greg Scott, un garçon de dix ans qui avait perdu une jambe à cause du cancer, lui aussi.

Puis, juste à la sortie de Thunder Bay, Terry s'est mis à tousser. Il avait tellement mal à la poitrine qu'il a demandé à Doug de l'emmener à l'hôpital. Les examens ont confirmé ce que Terry craignait : le cancer

LE MARATHON DE L'ESPOIR
12 avril 1980 – 1er septembre 1980

TERRE-NEUVE

QUÉBEC

St. John's, T.-N
12 avril
0 km

Charlottetown, I.-P.-É., 26 mai
1 728 km

ONTARIO

I.-P.-É.

N.-B.

Québec, Qué.
15 juin
2 663 km

Saint John, N.-B.
31 mai
1 959 km

Dartmouth, N.-É.
20 mai
1 474 km

Thunder Bay, Ont.
1er septembre
5 374 km

Sault-Sainte-Marie, Ont.
12 août
4 667 km

Nouvelle-Écosse

Montréal, Qué.
23 juin
2 918 km

Ottawa, Ont.
1er juillet
3 124 km

Océan Atlantique

Toronto, Ont.
11 juillet
3 524 km

London, Ont.
15 juillet
3 793 km

avait atteint les poumons. Rolly et Betty Fox ont pris l'avion pour l'Ontario afin de ramener leur fils et de lui faire suivre de nouveaux traitements. Terry avait parcouru 5 374 km en 143 jours et était déterminé à finir sa course. « J'ai promis que je n'allais pas lâcher », a-t-il dit aux Canadiens, cet après-midi-là en conférence de presse. « J'espère que ce que j'ai accompli vous aura inspirés. »

Et c'est ce qui s'est produit car, le lendemain, par télégramme, Isadore Sharp lui promettait d'organiser chaque année une course au nom de Terry Fox. Le 7 septembre, Terry regardait un téléthon sur CTV, alors qu'il subissait une chimiothérapie à l'hôpital. Dix millions et demi de dollars ont ainsi été recueillis. Et ce n'était pas tout : des milliers de lettres et de télégrammes lui ont été envoyés et toutes sortes d'événements ont eu lieu : danses, concerts, courses, marches. En février 1981, plus de 24 millions de dollars avaient été recueillis. Tout le monde était touché par son courage.

Pendant des mois, Terry Fox a livré son plus dur combat, et il a même pu retourner chez lui quelque temps. Il n'a jamais renoncé à son rêve de terminer le Marathon de l'espoir. Mais le 28 juin 1981, entouré de sa famille, Terry Fox s'est éteint. Sur tous les édifices fédéraux canadiens, les drapeaux ont été mis en berne. Terry a été enterré au cimetière de Port Coquitlam.

Ce monument près de Thunder Bay marque la fin du parcours de Terry Fox à travers le Canada.

Escorté par la police, Terry Fox court sur la route transcanadienne dans le nord de l'Ontario.

Les siens et tout le Canada étaient en deuil.

Terry Fox a été honoré plusieurs fois durant sa courte vie. Il est le plus jeune Canadien qui a été nommé Compagnon de l'Ordre du Canada. Il a reçu la plus haute distinction civile de la Colombie-Britannique : *The Order of the Dogwood* (l'Ordre de Dogwood). Depuis sa mort, des parcs, des monuments, des écoles, une montagne de Colombie-Britannique et un brise-glaces ont été nommés en son honneur. En 1999, par le biais d'un sondage à l'échelle du pays, il a été reconnu comme le plus grand des héros canadiens.

Tous les mois de septembre depuis sa mort, la course Terry Fox a lieu partout dans le monde. La Fondation Terry Fox a donné des centaines de millions de dollars pour la recherche sur le cancer. Un jour, Terry Fox a écrit : « Il faudrait que cesse cette souffrance ». D'ici là, cet héroïque Marathon de l'espoir canadien se poursuivra.